Martina Trimpin

Freude-fünkchen

Liebeswölkchen
aus dem vollkommen
unvollkommenen
Glückseelchen-Universum

ICH LIEBE ES, DIE MENSCHEN ZU BERÜHREN.

ICH MÖCHTE DIR HUMORVOLLE, TIEFGEHENDE TEXTE UND NIEDLICHE BILDER INS HERZ LEGEN.

VOLLER LIEBE GEZEICHNET UND AUS DEM HERZEN GESCHRIEBEN.

ALSO MACH DEIN SEELENFENSTERCHEN GANZ WEIT AUF UND LASS DIR DEN STAUB DES ALLTAGS AUS DER SEELE PUSTEN.

ANMERKUNG:

MANCHE MEINER TEXTE SCHEINEN SICH ZU WIDERSPRECHEN. DAS LIEGT DARAN, DASS ICH VERSCHIEDENE EBENEN ANSPRECHE, DENN DEIN HERZ SPRICHT EINE ANDERE SPRACHE ALS DEIN KOPF.

Ich bin Glückseelchenmama, Herzleanzünderin, Krönchenreicherin, Maximalpragmatikerin, Illusionsblasenplatzerin, Forscherin, Schöpferin, Erfinderin, Künstlerin, Autorin, liebende Frau und Mutter und ein Mensch mit einem großen bunten Innenleben.
Um nur einen kleinen Teil zu nennen.

Kurz: Ich bin ein Brillant mit vielen bunten Facetten, im vollkommenen, strahlenden Kronleuchter der Schöpfung.
So wie du auch!

Ich liebe Schneckchen, das wirst du vermutlich bemerken in diesem Büchlein. Schneckchen haben großes Potenzial (zumindest die mit Häusle), sie kommen schneller vorwärts, als man glaubt, haben ihr Haus immer dabei, können auch über scharfe Kanten kriechen, und wenn sie müde sind, machen sie einfach die Türe zu. Ich nenne sie auch Häusleträgerinnen.

Mein Lebenslauf ist nicht wichtig.
Wichtig ist nur das, was ich heute bin und was mir dadurch möglich ist.

Viele Herzensfreudeerkenntnisfünkchen mit diesem Büchlein wünscht dir:

DU BIST WOW!

Um es mit möglichst
einfachen Worten zu sagen:

Es ist
voll toll,
genial,
saucool,
grandios,
sooo schön,
fantastisch,
wundervoll,
phänomenal,
superfamos,
beeindruckend und
megaoberaffengeil,

dass es DICH gibt!

ICH HAB MEIN HERZLE GECHANNELT:

Du bist WOW! Einfach WOW!

(ENDE DER DURCHSAGE, NOCH FRAGEN!?)

Richte das Taschenlämple deiner Aufmerksamkeit immer nach innenoben.

TASCHENLÄMPLE

Du brauchst ein Patentrezept für jetzt und immer?

Hier ist es, ganz einfach und maximalpragmatisch.

Mach dir bewusst, wohin du deine Aufmerksamkeit den ganzen Tag gibst: die Arbeit, die Menschen, die Medien, massenhaft Informationen ...
Immer und überall. Das kann dich ganz schön ballaballa machen.

All diese Dinge haben denselben Effekt:
Sie ziehen dich permanent von dir selbst weg.

Du kannst nicht gleichzeitig bei dir UND da draußen sein.

Um dich zu ER-INNERN braucht es eine beständige Ausrichtung nach INNENOBEN!

Das bedeutet, du spürst dein Herz und gehst von da aus mit deiner Aufmerksamkeit nach oben. Nicht nur denken, sondern machen.

Ausrichtung ist eine Entscheidung, die immer wieder aufs Neue getroffen werden will. Zu vertrauen ebenfalls.

Das ist die freie Wahl, die wir haben.

Möge sich diese Übung tief in deinem Herzle verankern.

Fokus Pokus
DEIN HERZ IST DER SCHLÜSSEL!

FOKUS POKUS

Worauf du schaust – bekommt deine Energie.
Was du sagst – bekommt deine Energie.
Woran du denkst – bekommt deine Energie.
Woran du glaubst – bekommt deine Energie.
Wogegen du kämpfst – bekommt deine Energie

Wovon du dich abwendest – das zerfällt.
Denn ohne Energie kann nichts bestehen in dieser Welt.

Sich auf das Göttliche, die Liebe, das Vertrauen, die Freude, das Licht, den Frieden auszurichten braucht ständige Neujustierung, Achtsamkeit und Aufmerksamkeit.

Was denkt es in mir?
Was fühle ich?
Was wirkt durch mich?
Ist mein Bewusstseinslämple an?
Merke ich, was ich gerade tue und denke?
Habe ich heute schon gestaunt, was sich direkt
vor meiner Nasenspitze befindet?

Es ist einfach, aber nicht immer leicht.

Das scheint DIE Lektion unseres Lebens zu sein:

Das tägliche, stündliche oder sogar minütliche Bewusstseinshanteltraining.

POTENZIALENTFALTUNG

Das Wort Entfaltung ist ein tolles Wort. Eigentlich sollte es uns möglich sein, unsere eigenen Talente, Gaben und Fähigkeiten zu entfalten, also auszubreiten.

Es kann dir aber Druck machen, weil es sich so anhört, als müsstest du erst noch etwas »Besonderes« lernen oder können. Das stimmt aber nicht.

Denn das, was du schon immer ganz natürlich tust und kannst, ist dein Grund-Potenzial. Das hast du mitgebracht auf diese Reise.

Es mag unwesentlich erscheinen oder unspektakulär, aber das ist es nicht. Denn das, was du bist, tust und kannst, ist deine EIN-malige Kombination, deine einzigartige Art und Weise.

Und da geht dein Weg lang. Folge der Freude, folge deinen Ideen, folge deinen Gaben, und alles wird sich auf magische Weise zusammenfügen.

Von Natur aus gibt es auch für dich deinen ganz speziellen Ausdruck, den du in diesem Leben verwirklichen willst.
Das ist dein Potenzial.

Du solltest dich (innerlich) nur für die Möglichkeit öffnen, dass dies erreichbar sein kann!

Mach du den ersten Schritt, und das Universum macht den zweiten.

Potenzialentfaltung

BEDEUTET LEDIGLICH,
ALLES ZUSAMMEN-
ZUBRINGEN,
WAS DU SOWIESO
SCHON IMMER
KANNST.
DEN REST
LERNST DU AUF
DEM WEG.

DU BIST RICHTIG!

Wenn du still bist,
wenn du laut bist,
wenn du unscheinbar bist,
wenn du gerne und viel lachst,
wenn du ernst bist,
wenn du langsam bist,
wenn du dich für gewöhnlich hältst,
du nichts Besonderes kannst,
oder was auch immer du von dir glaubst,

bist du trotzdem ein wundervolles und
besonders einzigartiges Wesen.

Denn kein einziger Mensch auf der ganzen Welt fühlt,
lacht, tanzt, singt, spricht oder ist in seinem SEIN,
ganz genau gleich wie du.

Und ich bin zutiefst überzeugt,
dass wir alle genau richtig sind,
denn sonst wären wir ja anders.

LIEBES, WAS WÄRE, WENN
DU ÜBERHAUPT NIEMALS
DENKEN ODER GLAUBEN
KÖNNTEST:

DASS DIR ETWAS FEHLT,
DASS DU NICHT GENUG BIST,
DASS MIT DIR ETWAS NICHT STIMMT,
DASS DU ANDERS SEIN SOLLTEST,
ALS DU BIST,
DASS DU ERST NOCH ETWAS
WERDEN MUSST
UND DU IRGENDWO
ANKOMMEN SOLLTEST?

UND DIE MILLIONEN ANDERER GEDANKEN,
DIE DICH NIEMALS ZU DIR SELBST FÜHREN,
SONDERN IMMER (NOCH) WEITER WEG ...?!

Diese Welt braucht glückliche Menschen!

GLÜCKSI

Das klingt wie ein Schluckauf.
Ich empfinde zwischen »Glück haben« und »glücklich sein« einen Unterschied.

Wenn wir Glück haben, wird das meistens in Zusammenhang gebracht mit günstigen (äußeren) »Zufällen« und Umständen. Glücklichsein dagegen ist ein (Seins-)Zustand, der ausschließlich in deinem Inneren stattfindet.

In meiner Welt, ist Glück nichts, was man erreichen kann. Es sind lediglich kleine Momente des Glücklichseins. Das Glücksgefühl kann in unterschiedlichen Momenten auftauchen. Das lässt sich nicht planen.

Manchmal werden sie ausgelöst durch großartige Dinge die »passieren« oder die man erreicht hat.

Meistens aber durch ganz kleine Begebenheiten, in denen du mit dem Moment EINS bist:

Ein Schmetterling, der sich auf deine Nase setzt.
Am Meer sitzen und auf das unendliche Wasser gucken.
Auf dem Berggipfel ankommen.

Es sind die Momente, wenn nichts im Außen mehr eine Rolle spielt, weil es im Herzle ganz still und weit wird.

Stell dir mal vor, dass diese Momente diejenigen sein werden, auf die du einst zurückschauen wirst, wenn du diese Körperhülle abgelegt hast.

HAND AUFS HERZ

Es ist Zeit, kurz stehen zu bleiben –
in einem stillen Moment,
um dich selbst zu berühren.

Schau mal zurück.
Was hast du schon alles geschafft und bewältigt
in deinem Leben?
Bewundere dich für deinen Mut
und für dein Durchhaltevermögen.

Sag einfach mal ganz still in deinem Herzen
(oder auch gerne laut):

»Danke!
Danke, dass es mich immer noch gibt!
Danke für all das, was ich kann.
Danke für all das, was ich tue.
Danke für all das, was ich bin.
Danke für meinen ganzen Weg, wie schwer er auch sein mag.
Danke für all die Menschen, die es in meinem Leben gibt.
Danke für mein Leben an sich.
Danke für meine eigene Schöpfung.«

Du brauchst dafür keinen Prosecco und keine Party.
Es reicht das stille Gefühl in deinem Herzen, dich selbst
ganz tief drinnen berühren zu können.

Und dann sprich diesen Satz laut aus,
damit du ihn hören kannst:
»VOLL SCHÖN, DASS ES MICH GIBT!«

LIEBES,
WIRF DOCH MAL EINEN BESONDERS
LIEBEVOLLEN BLICK
AUF DICH SELBST!

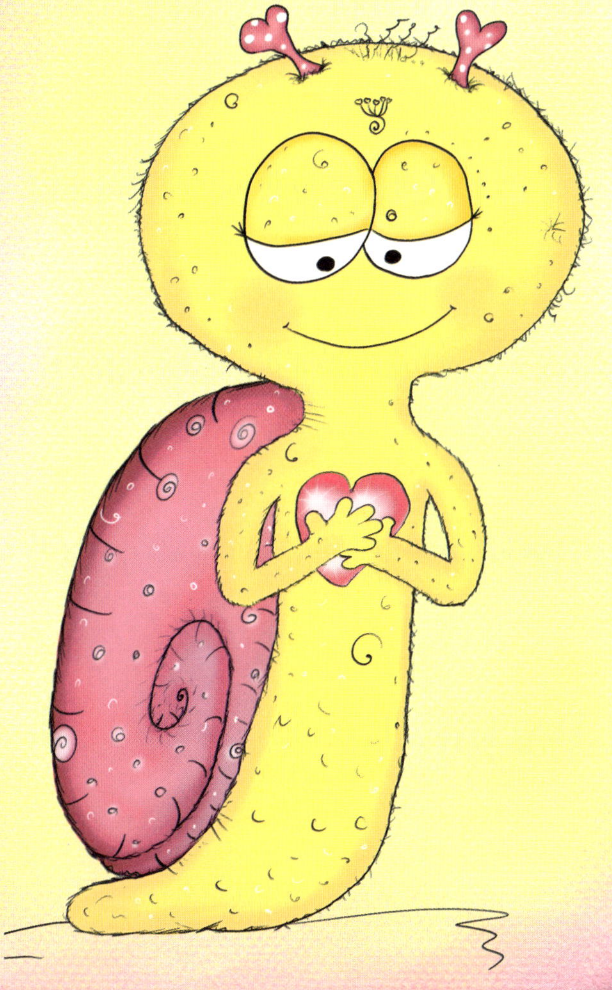

HERZ MAL DRÜBER NACH!

HERZ MAL

Du wirst in meinen Texten immer wieder lesen:

»Herz mal drüber nach!« Was bedeutet das?

In meiner Vorstellungswelt ist es folgendermaßen:
Unsere Seele ist über unser Herz mit dem
Göttlichen verbunden.

Durch das Fühlen deines Herzens gehst du mit deiner
Aufmerksamkeit vom Kopf ins Herz. Wenn du dann zusätzlich
noch deinen Fokus nach oben auf das Göttliche richtest,
erreichst du eine andere Wahrnehmungsebene.
Die Erkenntnisse werden anders sein,
und die Gefühle werden anders sein.

Das bedeutet für meine Texte: Nimm sie dir zu Herzen!

Lass sie dort wirken und fühle in die Tiefe,
anstatt sie gleich in deinem Kopf abzuhaken
und sofort wieder zu vergessen.

★ Wwww

Was, wenn's wurscht wär?!

DIE BEWUSSTSEINSWURSCHT

Es geht immer um die Wurscht.
Um die Bewusstseinswurscht.

(In unserem Dialekt sagen wir »Wurscht« statt Wurst.
Bei der Gelegenheit habe ich mich gefragt, wieso es eigentlich so viele »sinnvolle« Wurscht-Sprichwörter gibt ...)

Was, wenn all das, was wir tun oder nicht tun, denken, uns reinziehen, verändern wollen, worüber wir uns sorgen usw., für die Schöpfung überhaupt keine Rolle spielte?

Was, wenn es wirklich, wirklich wurscht ist?

Wenn ALLES auf eine großartige Weise, die wir mit unserem kleinen Hirn überhaupt nicht begreifen können, genau richtig ist, so wie es ist, und tatsächlich so sein MUSS?

Damit geschehen kann, was geschehen soll?!

Was, wenn es einzig und allein um dich selbst geht?

Wo kämen wir wohl hin, wenn sich jeder Mensch einfach um sich selbst und sein Wohlbefinden kümmert, und so glücklich wie möglich ist?

LOSLASSEN

Fühl einmal, wie viel Schnüre du in der Hand festhältst.

Schnüre im Sinne von: Ich muss mein Leben im Griff haben, ich muss aufpassen, vorsichtig sein, oder ich muss es kontrollieren. Das könnten auch massive Widerstände sein, gegen das, was sich gerade in deinem Leben zeigt. Und fühle auch, wie schwer und anstrengend das ist, immer die Kontrolle behalten zu wollen.

Du hast Angst, loszulassen, weil dann plötzlich etwas wegfällt, das dir vermeintlich Sicherheit gibt und das dir zur Gewohnheit geworden ist.

Mach dir bewusst, dein Leben ist ständige Veränderung, die Energien wollen fließen, dein Leben will erblühen und sich ausdehnen. Durch dein Festhalten aber gerät deine Lebensenergie ins Stocken – bis zum vollständigen Stillstand.

Und vielleicht weißt du nicht, wie du loslassen sollst.

Deine Hand ist schon ganz verkrampft.

Dein Herz sagt: Mach einfach! Es könnte auch gut werden!

Doch wie?
Lass einfach die Schnüre los. Jetzt!
Fühlst du die Erleichterung?

Und plötzlich hast du beide Hände frei.

Loslassen bedeutet,
dass du aufhörst,
festzuhalten.

OPTIMIERUNGSWAHN

Fragst du dich manchmal, wie lange du dich noch selbst entwickeln musst, was du noch verändern, lernen und transformieren musst, um dein Leben wirklich glücklich leben zu können? Die Antwort ist: gar nicht!

Wir leben in einer Zeit des Selbst-Optimierungswahnsinns!

Du und ich, wir wurden zu einem Zweck erschaffen, und es wäre völlig unlogisch, wenn uns nicht auch die Fähigkeiten mitgegeben wären, um diesen Zweck erfüllen zu können. Diese Gaben hast du schon die ganze Zeit.

Und was dir dazu noch fehlt, brauchst du entweder nicht, oder du lernst es auf dem Weg der Freude.

Die Frage ist also nicht: Was muss ich werden, oder woran muss ich arbeiten, sondern: Wofür bin ich gemacht?

Ein guter Anhaltspunkt dafür ist deine Kindheit. Wie warst du als Kind? Was hast du gerne getan, womit hast du deine Eltern eventuell genervt? Welche Fähigkeiten und Begabungen kommen wirklich aus dir selbst heraus und waren schon immer da?

Es kann sein, dass du denkst: Das ist ja nichts Besonderes!

Die guten Wahrheiten sind meistens einfach, und das, was du findest, kann recht unspektakulär erscheinen. Ist es aber nicht.

Du bist gut und genug.

HÖR AUF, ZU SUCHEN,
UND FINDE DAS,
WAS DIE GANZE ZEIT
SCHON DA WAR!

HERAUSFORDERNDE ZEITEN
FORDERN DICH LEDIGLICH AUF,
NACH INNEN ZU GEHEN!

HINEINFORDERUNG

»Herausfordernde Zeiten« lese ich immer wieder. Das Außen fordert uns »anscheinend« heraus.

Dabei geht unser Weg genau andersherum.
Es sind hineinfordernde Zeiten!!! All das im Außen fordert dich auf, endlich tief in dich hineinzuschauen.

Die Menschen suchen im Außen: Informationen werden gesammelt, gepostet und versucht, in Schubladen zu pressen, die schon längst überlaufen. Wir kommen in Kontakt mit der größten Angst und mit der größten Ohnmacht.
Doch anstatt bereit zu sein, diese Gefühle und Programme einmal (oder öfters) anzuschauen, da sein zu lassen und zu fühlen, kommen wir völlig aus dem Häusle.

Wir trennen (ich hab recht, und du nicht), was das Zeug hält, wir sind empört, wir sind ent-rüstet (auch ein interessantes Wort), wir müssen uns wehren, wir müssen uns schützen usw.

Die Antwort ist im Grunde ganz einfach. Geh nach innen.
Finde deine ärgsten Ängste und deine tiefste Ohnmacht, schau welche Programme bei dir noch laufen und ob diese wirklich zu dir gehören oder ob sie dir einfach nur übergestülpt wurden (und du es unbewusst zugelassen hast).

Als Nächstes, schau dir deine Realität an. Was davon findet JETZT!, in diesem Moment, tatsächlich in deinem Leben statt?

Und dann könnte es sein, dass du ganz überraschend in deinem Frieden angelangt bist.

ALL DIE LIEBE ZU DIR ZURÜCKFLIESSEN ZU LASSEN, DIE DU VÖLLIG SELBSTVERSTÄNDLICH DEN ANDEREN SCHENKST, IST EIN MACHTVOLLES HERZÖFFNERLE!

ZAUBERKÄSTCHEN

Eine Übung aus meinem Zauberkästchen für dich, die du sofort machen kannst.

Wundere dich nicht, wenn diese Erfahrung dich zu Tränen rührt oder tiefgreifende Gefühle auslöst:

Leg die Hand auf dein Herz, schließ deine Augen, und dann geh mit deinem ganzen Bewusstsein in die Absicht:

»All die Liebe, die ich in meinem ganzen Leben völlig selbstverständlich an all die anderen Menschen verschenkt habe, lasse ich jetzt – in diesem Moment – in mein eigenes Herz zurückfließen.
Ich schenke mir jetzt all diese Liebe selbst!«

Und dann lass fließen ..., und zwar so lange, bis alles zu dir zurückgekehrt ist.

Eigentlich sollte dies selbstverständlich sein, ist es aber nicht.

Denn wir sind so konditioniert, dass zuerst die anderen kommen.
Ein bisschen Selbstliebe – ja, das ist schon drin, aber ALLES?!

Das ist WOW, gell?!

Du kommst dadurch nämlich direkt vom Kopf ins Herz.
Und das ist die wichtigste Hineinforderung überhaupt.

★ DREIEINHALB-PUNKTE-PLAN

Es sollte für uns alle allerobersteS Gebot sein, gut für uns zu sorgen, auf uns achtzugeben, Seelen- und Gedankenhygiene zu betreiben, und uns mit Dingen zu beschäftigen, die uns guttun.

Ich mag praktische Anleitungen, die funktionieren, vielleicht ist dies für dich hilfreich: hier also ein Dreieinhalb-Punkte-Plan.

Punkt eins: Zuallererst solltest du bemerken, dass es dir nicht gut geht. Dein Wohlgefühl ist im Ärschle, sozusagen. Ob du das Gefühl hast, im falschen Film (oder gar im falschen Kino) zu sein, deine Emotionen Achterbahn oder die Gedanken Karussell fahren, ist schnurzpiepegal. Es ist neblig bis duster, innen wie außen.

Punkt zwei: Erinnere dich! Da war doch noch was! Du bist in diesem Körper, um diese Erfahrungen zu machen, der Körper ist nur dein Fahrzeug. Es denkt in dir, du bist aber nicht deine Gedanken. Du bist Bewusstsein.

Punkt drei: Hier kommt dein Fixpunkt ins Spiel! Das können dein Glaube an Gott, eine Herzle-wieder-anzünd-Übung, ein Er-inner-dich- ans-Vertrauen, Atemübungen, ein magischer Satz oder Dankbarkeitsübungen sein. Eigentlich ist auch das völlig schnurz.

Wichtig ist nur, dass das, was du praktizierst, in guten Zeiten schon mal funktioniert hat. Je öfter du dazu eine Referenzerfahrung hast, umso besser und umso einfacher funktioniert es.

Auch wenn du zuerst nur im Kopf damit anfängst und das Gefühl erst später fühlbar wird.

Du solltest deinen »göttlichen goldenen Faden« der unters Sofa geraten ist und sich verwurstelt hat, wiederfinden, und Stück für Stück wieder aufrollen können.

Bis du wieder am Plätzle bist, das heißt: Du bist ruhig, klar, und es ist friedlich in dir.

Punkt dreieinhalb: Sei lieb zu dir! Denn wenn du wieder da bist, wo du hingehörst und du im Nachhinein anfängst zu urteilen, was für ein Döskopp du doch wieder gewesen bist, fängt das Spiel von vorne an.

Und da willst du ja nicht mehr hin, gell?!

Ach ja, Punkt dreidreiviertel:
Natürlich lässt du so viel wie möglich weg, was dir nicht guttut, aber das ist eh klar, oder?!

DIE GLATTE LÜGE

Es ist so einfach, sich selbst abzuwerten
und zu verurteilen.

Viel einfacher, als nett zu sich zu sein
oder gar liebevoll.

Eine meiner liebsten Autorinnen (Byron Katie) schrieb einmal,
sie war auf der ganzen Welt unterwegs, in allen Kulturen,
und überall hatten die Menschen die gleichen Probleme.

Eines der maßgeblichen Probleme war:
»Ich bin nicht gut genug!
Egal, wie sehr ich mich anstrenge, es reicht einfach nicht!«

Das ist eine glatte Lüge.

Natürlich bist du gut. Und genug. Und genau richtig,
wie du bist.

Und du gibst auch jederzeit dein Allerbestes!
Denn sonst würdest du es ja besser machen.

So. Jetzt weißt du Bescheid!

Damit das mal wieder gesagt wurde.

Sei lieb zu dir!

WIE AUCH IMMER ES DIR GERADE GEHT:

Sei lieb zu dir!

Wie wärs denn mal mit Gott,
so ganz ohne Gedöns?

GOTT OHNE GEDÖNS

Ein Teil in unserem Kopf (ich nenne ihn: »Hurpsi«) ist einfach nie zufrieden. Niemals! Wirklich never ever!!!!! Nicht in hunderttausend Jahren! Im Hinterstübchen läuft ein vollautomatisches destruktives Programm. Ist das nicht interessant?

Manchmal lieben wir das komplizierte Spiel, die Dramatik (obwohl wir das natürlich nicht zugeben würden).

Deswegen ist es sehr heilsam, sich immer, wenn es kompliziert wird, an die Basis zu erinnern.

Die wesentliche Frage lautet:

Kann ich meinem Leben, dem Schöpfer, meiner Seele, Gott (oder wie immer du das nennen willst) vertrauen?

Gib deine Probleme ab, mit der ganz klaren Absicht, wirklich loszulassen. Erinnere dich immer wieder daran, dass du sie abgegeben hast und sie nicht wieder zurückhaben und selber kontrollieren möchtest.

Und dann staune.

RATSCHLÄGERN

So könnte man auch reich werden, gell?

Die Idee zu diesem Bild ist aus folgender Situation entstanden: Wir saßen in einem Restaurant und sprachen über ein bestimmtes Thema. Und plötzlich fühlten die Menschen am Nachbartisch sich aufgefordert, uns ihre Erfahrungen zu diesem Thema mitzuteilen und sich ungefragt in unser Gespräch einzumischen.

Wir tun es alle gerne, ab und zu: ratschlägern, klugscheißen und uns einmischen.

Und wir meinen es ja gut. Irgendwie.

Falls du schon mal schwanger warst, wirst du dir vermutlich unzählige Geburtsgeschichten angehört haben. Ob du willst oder nicht.

Eine ehemalige Lehrerin sagte einmal: »Wenn es jemand gut mit dir meint, will er was von dir.« (Und wenn er nur seine Geschichte loswerden will.)

Es ist immer gesund, bei sich selbst anzufangen – mit dem Aufhören.

STOPP!
FÜR JEDEN UNGEFRAGTEN
RATSCHLAG (AUCH DIE GUTGEMEINTEN)
BITTE EINEN HUNNI (= 100 EUR)
VORAB IN MEIN SPARKÄSSLE.
SO HABEN WIR BEIDE WAS DAVON.
PAYPAL GEHT AUCH.

JE UNVERSCHÄMTER DU DICH SELBST LIEBHAST
MIT ALLEM, WAS ZU DIR GEHÖRT,

UMSO EINFACHER UND SELBSTVERSTÄNDLICHER
LIEBST DU AUCH DIE ANDEREN.

UNVERSCHÄMT

Selbstliebe ist egoistisch? Ja!!!

Wo wäre ein gesunder Egoismus besser angebracht, als für uns selbst liebevoll zu sorgen?

Wie oft tun wir etwas anderen zuliebe, obwohl wir keine Lust haben und kein eindeutiges »Ja« dazu in uns ist?

Warum tun wir das? Weil wir die anderen liebhaben und vielleicht meinen: »Das muss ich doch!«
Haben wir den anderen deshalb weniger lieb, wenn wir »Nein« sagen?

Eigentlich ist es genau andersherum: Wie wollen wir den anderen liebhaben, wenn wir uns selbst boykottieren? Woher soll die Liebe für den anderen kommen, wenn wir selbst nicht genug Liebe für uns aufbringen?

In diesem Sinne: Sei ausschließlich lieb zu dir selbst, das mit den anderen klappt dann sowieso. Zumindest mit den Menschen, die zu dir passen. Und das sind vielleicht nicht diejenigen, die mit dir verwandt sind oder die du schon sehr lange kennst.

SEI EINFACH DU SELBST

Was bedeutet es eigentlich, »du selbst« zu sein? Da ist nichts, was wir erst werden könnten. Du bist schon die ganze Zeit du selbst!

Egal, wie du bist, all das was jetzt da ist, gehört zu deinem momentanen Bewusstsein. Im spirituellen Marketing und überhaupt in der Welt, solltest du alles erst werden. Besser werden, schneller werden, reicher werden ...

Auch wenn das überhaupt nicht deinen Gaben und Eigenschaften entspricht. Es ist eine massive Programmierung, einfach nie gut genug zu sein. Und daher sind auch viele spirituelle Konzepte völlig verquer. Weil sie uns immer am Laufen (im spirituellen Hamsterrad) halten und uns in Wahrheit davon abhalten, unseren ureigenen Weg zu gehen.
Es gibt Wesenszüge und Gaben in uns, die mögen wir lieber als andere. Dabei gehört alles zusammen. Manchmal sind wir gewöhnlich, verschroben, eigensinnig, stur, still, wütend usw. Und wir sind wunderschön, genial, beschenkt, geliebt und völlig in Ordnung (was immer wir als »in Ordnung« empfinden). Es ist niemals irgendetwas falsch mit uns. Wir sind immer das Beste, was wir jetzt im Moment sein können.

Ich bin heute heil-froh (ein sehr schönes Wort), dass ich eigensinnig bin (mit meinen eigenen natürlichen Sinnen wahrnehme), denn nur so konnte ich diesen Weg bis zum heutigen Tag gehen, so wie ich ihn gehe.

Das alles gehört zu meinem jetzigen Sein. Wirklich verstehen kann man das sowieso nicht, aber leben kann man es.

Sei einfach du selbst,
alle anderen
gibt es ja schon.

Möge deine Lebensmelodie die deines Herzens sein!

LEBENSMELODIE

Halt mal kurz inne.
Und lausche DEINER Melodie.

Jetzt, in diesem Moment.

Klingt sie klar und rein, ist sie harmonisch?
Oder klingt sie schräg und falsch?

Es ist so einfach, sich im Außen zu verlieren
und auf andere Menschen zu hören.
Was davon gehört wirklich zu deinem Sein?
Wie viele Instrumente spielst du gerade?
Oder spielen andere deine Instrumente?
Und klingt das gut?
Falls ja, dann schenke sie der Welt.

Falls nicht, dann werde still. So lange, bis du sie wieder
hören kannst: deine eigene Herzensmelodie.

Auch wenn sie anfangs nur sehr schwer
wahrnehmbar sein sollte, vertraue!

Und dann steigen die ersten Töne wieder auf.

Lausche.

ILLUSIONSBLASE

Wenn du ent-täuscht wirst, endet die Täuschung.
Das bedeutet für mich: Es war nur eine Illusionsblase.

Wenn sie platzt, dann scheint erst einmal die ganze Welt stillzustehen, es kann dir den Teppich unter den Füßen wegziehen, es kann fürchterlich wehtun, und du kannst es nicht fassen, dass dir so etwas passiert. Und all das ist völlig i. O.

Du kannst da verharren, so lange du willst. Bis du im Idealfall die Nase voll hast und erkennen kannst:
Hier ist die nächste Chance, dich weiter zu ent-wickeln.

Denn du wirst es überleben!
Im Grunde macht jede Erkenntnis der De-Illusion dich frei.
Du hast dir eine Blase erschaffen, es dir gemütlich gemacht, nett eingerichtet, warst dir absolut sicher: Das ist dein Weg, das ist dein Mensch, das ist alles richtig!

Und dann kommt der freie Fall, wenn sie platzt.
Du weißt nicht mehr, was noch stimmt oder was nicht mehr stimmt.

Gut so.
Denn es sortiert sich neu.
Vertrau deinem Leben.
Es macht keinen Fehler.

DIE ILLUSIONSBLASE

SEHR FRAGILES VEHIKEL,
DAS UNBEDINGT VOR ANGRIFFEN
GESCHÜTZT WERDEN MUSS.
DENN WENN SIE PLATZT,
KOMMT DER FREIE FALL

Pass auf, was du dir wünschst,
es könnte in Erfüllung gehen!
I ♡ Einhorn
NOT JUR ERNST!!!

MRS. EIHORN

Ich kann mich noch erinnern, wie mein Herzensmann
mir von einem Mann erzählt hatte, der Eihorn hieß.
»Was für ein witziger Name«, dachte ich,
und prompt ging mein Bilder-Herzkino los.

Es gibt Herzenswünsche, und es gibt
Gedankenpupswünsche.

Meistens gehören die Wünsche,
die wir sooo gerne in der Zukunft irgendwann mal haben
oder verwirklichen möchten, in die zweite Kategorie.

Denn wenn du etwas wirklich wollen würdest,
würdest du alles Nötige in die Wege leiten.
Nichts könnte dich davon abbringen.
Dein Herz wäre total aus dem Häuschen vor Freude.

Ob sich Mrs. Eihorn nun freut?
Was Genaues weiß man nicht ...

APFELBAUMELN

Kannst du dich liebevoll so sein lassen, wie du bist, indem du erkennst, dass du gut bist, wie du bist und wie dein Leben ist?

Manchmal verstecken sich in meinen Bildern kleine Details, die so viel mehr bedeuten, als man auf den ersten Blick sehen kann.

Der Baum kann nicht denken: Ich sollte mehr Äpfel haben.
Er hadert nicht damit, dass zwei Äste abgeschnitten wurden (oder was auch immer damit geschehen ist).
Er sagt nicht zu einem kleinen Wesen in dem dunklen Loch oder zu einer Spinne: »Verschwinde!«
Er erzählt sich nicht, dass er lieber ein anderer Baum sein möchte.
Er steht einfach da und ist ein Baum.

In meinem Bild tut der Baum das, wofür er von der Schöpfung gedacht und gemacht ist. Und sein bisheriges Leben hat er damit verbracht, stets das Beste zu geben, Früchte zu tragen (oder auch nicht), sich zu umarmen und sich selbst sein zu lassen.
Er apfelbaumelt sich selbst.

Mögest du im Frieden sein mit allem in und an dir.

Deine Lebensaufgabe ist:
dich so zu lieben,
wie du bist.

Mit allem
Drum und
Dran!

Falls du eine Wahl haben solltest,
Gülle
wähle weise!
Liebe

WÄHLE WEISE

Es ist dir erlaubt,
der Liebe zu folgen,
zuversichtlich und liebevoll zu sein,
zu vertrauen,
an das Gute zu glauben
und mit Menschen zu sprechen, die dir guttun.

Ebenso ist es dir erlaubt,
der Angst und Panik zu folgen,
das Allerschlimmste zu befürchten,
dir Horrorszenarien auszumalen
und mit Menschen zu sprechen, die dich
(noch mehr) herunterziehen.

Du weißt bestimmt,
dass nur du diese Wahl treffen kannst.

DIE ROSAROTE BRILLE

Sie hat ja einen etwas schlechten Ruf, die rosarote Brille …
Mir erzählte eine liebe Menschin, jemand hätte zu ihr gesagt:
»Deine rosarote Brille wird ja immer größer!« (Und das war nicht nett gemeint.)
Verallgemeinert meint »man« damit ja, dass man Dinge ausblendet, die man nicht sehen WILL.
»Immer schön bodenständig bleiben«,
»Das Leben ist ja kein Ponyhof«, und solcherlei Sprüche gehören auch zu dieser Kategorie.
Wo kämen wir hin, ohne den Glauben an das Gute, das Schöne und unsere göttliche Natur?

Kann eine andere Welt entstehen, ohne die sogenannten »Spinner«, die Visionäre, die Kreativen, die unerschütterlich an das Gute glauben und schöne bunte Tassen in ihrem Innenschränkle haben?

Alles begann ja irgendwann mal mit einer guten Idee.
Auch diese Erde und die Menschen.

Ich für meinen Teil, tue einfach das, was mir guttut.
Und lasse weg, was mir schadet.

In diesem Sinne, ob mit oder ohne rosarote Brille:
Hab dich lieb!

Und ich kann dich gar nicht oft genug daran erinnern:

Du bist großartig, einzigartig und wertvoll!

Deine rosarote Brille kann ja gar nicht groß genug sein!

Wenn deine Mimi
mal wieder
vorbeischneit –
sei lieb zu ihr!

DIE MIMI

Die Mimi ist derjenige Teil in uns,
der ab und zu gerne vorbeikommt, meckert,
jammert und unzufrieden ist: »Mimimimimi.«

Es geht nicht gut genug, nicht schnell genug,
nicht irgendwas genug.

Es SOLLTE ganz sicher anders sein,
oder ich sollte ganz sicher anders sein.

Wie es sein sollte, weiß die Mimi zwar auch nicht,
aber Hauptsache gemeckert.

Ich habe die Mimi mit ihrem Ausdruck
sofort in mein Herz geschlossen.

Also, wenn deine Mimi mal wieder vorbeischaut,
lad sie auf eine Tasse Tee ein, lausch ihr,
hab sie lieb, aber glaub ihr kein Wort.

DU MUSST GAR NICHTS

Was wäre, wenn es wirklich gar nichts gäbe, was du tun müsstest?
Du müsstest nicht arbeiten, kein Geld verdienen und dich nicht verrenken, um irgendwie über die Runden zu kommen?
Was würde im schlimmsten Fall passieren?
Vielleicht hast du mal eine Weile weniger Geld, das kann schon sein, aber sonst? Die Welt wird sich weiterdrehen, und der Himmel fällt dir nicht auf den Kopf. Und die Firma, für die du eventuell dein Wohlbefinden »opferst«, wird einfach ohne dich weitermachen.
Tatsächlich passiert erst mal gar nix. Im Außen. Aber in deinem Inneren könnte sich viel ändern. Du würdest mal wieder Zeit haben, zu fühlen, was du wirklich willst. Wohin deine Freude dich gerne führen möchte.
Wenn du denkst, dass du Dinge tun musst, die du nicht willst und du glaubst, du kannst nicht einfach aufhören, dann mach zumindest aus dem »Müssen« ein »Wollen« und schau, dass du dich gut damit fühlst. Aber belüg dich nicht.
Eigentlich ist nicht »die Arbeit« das Problem, sondern die innere Zerrissenheit. Vor allem die Menschen auf der spirituellen Suche nach Sinn, sind vermutlich davon betroffen.

Irgendeinen Grund wird es schon haben, dass du da bist, wo du bist. Bis sich eben das ändert.

Der einzige Sinn, den es für dein Leben braucht, ist: zu leben (und nicht nur zu überleben)!

DU MUSST ÜBERHAUPT GAR NICHTS!
DU TUST ETWAS, WEIL DU ES WILLST,
ODER DU LÄSST ES, WEIL DU ES NICHT WILLST.
ALLES, WAS DU MÜSSEN WOLLEN SOLLTEST,
IST, DICH UM DEIN WOHLBEFINDEN ZU KÜMMERN.
DER REST FÜGT SICH VON ALLEINE …

Wenn du alles weglässt,
was du nicht bist,
dann erkennst du:
Du bist vollkommen!

EMOTIONSKARUSSELL

Es gibt Menschen, die halten das emotionale Karussell für unseren Normalzustand. Nach dem Motto: Wenn ich nicht emotional bin, bin ich tot.

Das Gegenteil ist der Fall.

Diese emotionale Hülle ist die Programmierung, die aus meiner heutigen Sicht über unsere göttliche Existenz darübergestülpt wurde, damit wir in dieser 3D-Welt überhaupt diese Erfahrungen von Schmerz und Leid machen konnten. Wir wollten das so!

Was nützt dir dein Aufbegehren, deine Aufregung, dein Stress, deine Traurigkeit, deine Opferhaltung, deine Hilflosigkeit usw.? Was für ein Geschenk bist du für diese Erde, wenn du emotional bist?
Und vor allen Dingen: Was hast du für dich selbst davon außer Drama?

Der Einzige, der meint aus allem eine Tragödie inszenieren zu müssen ist der Teil unseres Verstandes, der davon lebt (Hurpsi).

Und frei von Drama zu sein fühlt sich alles andere als tot an, das kann ich dir versichern.

My lovely Mr. Singingclub, stell dir einmal vor, du bist erfüllt mit Liebe, mit Güte, mit Weisheit, mit Ruhe und Frieden, mit ganz viel Herzenswärme, mit Klarheit, usw. Das sind die Qualitäten die tatsächlich zu deinem göttlichen Sein gehören.

Wärst du so nicht ein viel größeres Geschenk?

WERTSCHÄTZCHENPLANET

Hach ja,

falls du mich suchst, ich bin dann mal auf dem
Wertschätzchenplanet.

Wo nur Herzensmenschen wohnen.

Auf dem jeder richtig ist, so wie er ist.

Den ganzen Tag wird gelacht, es gibt ein
liebevolles Miteinander.

Jeder wird bestärkt, in Liebe und in Wertschätzung
seines derzeitigen Seins-Zustandes.

Überall nur Liebe.

Ich träum dann mal weiter ...

Alles ist möglich! Auch das Unmögliche, gell!?
Kommst du mit?

Der Wertschätzchen-planet

Falls du eine Erlaubnis brauchst, hier ist sie!

ERLAUBNIS

Wolltest du schon immer mal:

wieder ein gutes Buch lesen, einen Tag im Bett bleiben, einfach mal nicht funktionieren, Bratkartoffeln essen anstatt Salat oder ein fettes Nutellabrot? Oder um die Welt reisen, eine Segeltour machen oder in Alaska fischen gehen, ein Café eröffnen, den Menschen an deiner Seite rausschmeißen, weil er dir nicht guttut, Fallschirm fliegen, Ski fahren oder einen Frosch küssen?

Tu es! Worauf wartest du?!
Wer sollte deine Träume erfüllen, wenn nicht du?
Nimm deine Angst ganz liebevoll in den Arm und sag ihr:
»Wir machen das schon!« und dann geh los.

Jetzt gleich!
Warte nicht auf morgen oder übermorgen, auf das nächste Urlaubsgeld und auch nicht, bis deine Kinder groß sind, oder gar auf die Rente.

Denn wir wissen alle nicht, wie lange wir noch da sind, um unsere Träume zu erfüllen, oder? Na klar, es könnte in die Hose gehen. Aber das kannst du vorher unmöglich wissen. Und es könnte auch sein, dass sich dein Herz und deine Seele tatsächlich nach diesen Dingen sehnen, gell?!

Hier hast du also die uneingeschränkte Häusleträgerinnen-Erlaubnis, dein Leben in die Hand zu nehmen und endlich damit zu machen, was DU willst und das zu lassen, worauf du keine Lust mehr hast.

KAKTUSSI

Ab und zu ist das Leben stupfelig, mühsam oder gar anstrengend. Ganz und gar nicht so, wie wir es gerne hätten.

Aus diesem Impuls heraus ist die kleine Kaktussi entstanden.

Immer dann, wenn wir nämlich Pläne schmieden, meinen, ganz genau zu wissen, was jetzt kommt, oder wir im Widerstand sind gegen das, was eh schon da ist.

Lass einfach mal da sein, was gerade da und in dir ist.

Statt es zu verdrängen, auszuweichen oder gedanklich im Kreisverkehr drum herumzukurven, halte an.

Atme ein paarmal tief ein und aus.
Mach dir bewusst, wenn es ein Problem gibt,
gibt es immer auch eine Lösung.

Nimm das, was sich zeigt voll und ganz zu dir,
es ist doch eh schon da. Was würde passieren,
wenn du »es« einfach umarmen könntest?

Vielleicht stupfelt es noch ein bisschen, aber es könnte sein, dass es sich vollkommen entspannt.

Wundere dich nicht, falls du bemerkst,
dass dein Problem plötzlich verschwunden ist.

Manchmal ist das Leben eine Tussi!

KÖNIGSPÄUSCHEN

Manchmal »musst« du etwas tun,
wozu du überhaupt keine Lust hast,
und ein anderes Mal könntest du Bäume pflücken,
dann gehen die Dinge leicht und einfach.
Jeder Tag ist anders,
so viele Energien wirken auf uns ein,
die wir allenfalls fühlen können.
Wenn du müde bist und anfängst
»komisch« zu werden, ist ein Ruhepäuschen
nicht die schlechteste Idee.

Bevor dein Verstand anfängt aus
»Mimimi« ein komplettes Drama zu machen,
ruh dich einfach mal aus.
Mach ein königliches Päuschen.
Damit gehst du deinem Leben aus dem Weg
und hörst auf, dich einzumischen.

Schlaf mal drüber nach.

Gönn dir ab und zu ein Königspäuschen.

Hände weg von meiner Seifenblase!

HÄNDE WEG!

Ja, sind sie denn echt, die Illusionsblubberblasen?
Und das Leben hier ist real?

Der Schein trügt.

Mein Leben, mein Mann, meine Probleme, mein Auto, mein Haus, mein Körper, meine Finanzen, meine Geschichten, meine Vergangenheit, meine Traumata, meine Eltern, meine Emotionen undsoweiterundsofort ...

Fühlt sich alles echt an, gell?! Bist du überzeugt, dass diese Illusionen real sind?

Stell dir vor, all diese Illusionen sind nur geschaffen, um dir eine komplett manifeste Realität vorzugaukeln.

Schau dir auch gerne mal die allgemeine Erklärung dieses Wortes (Illusion) an. Es ist ein Spiel. Ein perfektes Spiel.
Ein Zauberer gaukelt dir auch meisterhaft vor, dass er zaubern kann, dabei arbeitet er nur mit Tricks und viel, viel Übung.

Falls du das erkennen kannst, bist du plötzlich in Frieden mit allem, was ist.

Denn das Blubberblasenspülbecken ist auf einmal leer, wenn es dir gelingt, den Stöpsel zu ziehen.

Die illusorische Ebene ist aufgelöst, und plötzlich bist du da angekommen, wo du hingehörst: bei dir selbst!

ALADINA

Ich liebe Wunder.

Wunder sind das, was man sich nicht ausdenken
oder herbeiwünschen kann.

Wenn du aus der Liebe heraus agierst, dann lässt du alles frei ...
und dann geschieht nur das, was zum höchsten Wohl aller
Beteiligten ist (einschließlich deiner selbst natürlich).

Das heißt nicht, dass du nichts mehr wollen sollst,
aber das, was geschieht, wenn du es wirklich freilässt,
ist um so viel besser, als dein beschränkter Teil
des Verstandes es sich hätte ausdenken können.
Außerdem hast du die (nicht unerhebliche) Auswirkung,
dass du dich selber frei fühlst.

Frei von Ergebnissen und frei von Abhängigkeiten.

Möge deine Wunderlampe prall gefüllt sein, mit Liebe.

WENN DIR
DEINE SCHÖPFUNG
NICHT GEFÄLLT,
VERSUCH'S DOCH MAL
MIT

LIEBE!

ES ÄNDERT SICH ERST,
WENN DU ETWAS ÄNDERST!

STAGNATION

Falls dein Leben stagniert, du immer dasselbe tust, auf dieselbe Art und du spürst, dass da noch mehr sein müsste, gut so!

Ich nenne dies: konstruktive Unzufriedenheit.

Ich stand vor ein paar Jahren genau an dieser Abzweigung, und dann habe ich diese Entscheidung getroffen:
Ich mach jetzt mal das, was all die »gescheiten« Leute predigen:

Ich folge jetzt der Freude!

So oft wie möglich und egal, was es auch sein mag!
Wäre ich dieser Entscheidung nicht gefolgt, würde es kein Bild, keinen Text und auch dieses Buch von mir nicht geben.

Also, wenn du die Nase von bestimmten Bereichen in deinem Leben gestrichen voll hast (und das ist wirklich eine sehr gute Voraussetzung), triff eine neue Entscheidung und geh los in eine andere, freudvollere Richtung.

Und zwar nicht nur für einen Tag, sondern dauerhaft ...

Unterschätze nie die Macht einer bewussten, kraftvollen Entscheidung!

Wenn du nichts änderst, ändert sich nichts.

DER MAGISCHE BESEN

Es geht nicht darum, VOR der eigenen Tür zu kehren (und schon gar nicht vor den anderen Türen), sondern IN deinem eigenen Haus (deinem Bewusstsein). Es liegt an dir, was du da hineinlässt.

Für mich ist die Liebe die größte Macht im Universum.

Ich erkenne heute, was stimmt und was nicht. Ich brauche keine Bücher mehr, keine Experten, die mir erzählen wollen, wie ich mein Leben zu leben habe. Das ist alles langweiliger, alter Kram, tausendmal durchgekaut und wieder ausgespuckt.

Ich brauche nur noch mich und meine Liebe, meine Intuition und bewusste Entscheidungen. Alles andere, all das Wunderbare in meinem Leben, ist das Sahnehäubchen.

Ich schwinge also meinen Besen, ich halte alles sauber, und vielleicht kann ich damit irgendwann fliegen, wer weiß?

ES GIBT EINEN MAGISCHEN BESEN. ER FEGT AUSSCHLIESSLICH DEIN EIGENES BEWUSSTSEIN. SEIN NAME IST

LIEBE!

Wohin gehen sie, wenn sie nicht mehr da sind?

SCHERZKEKSCHEN

Also, eine der zentralen Fragen, die wir uns dieser Tage stellen sollten, ist doch: Wo zur Eule, gehen die fehlenden Socken hin?

Sie verschwinden zahlreich und waren nie wieder gesehen.

Fühlen sich die alleine gelassenen Socken einsam?

Gibt es eine Außerirdische Sockenabsaugstation, wo mit unseren Socken geheime Testversuche gemacht werden?

Oder es gibt Kleinstlebewesen, die die fallen gelassenen Socken unter die Couch schleppen, und sie dort in Staub verwandeln ...
Das würde gleich noch eine zweite Frage klären: Wo kommt der vermaledeite Staub her? Sind das etwa Sockenleichen?

Wenn man verreist, bleibt vielleicht die eine oder andere Socke zurück und sitzt von da an ganz alleine mit einem Cocktail am Meer und schaut voller Sehnsucht nach ihrem Zuhause in den Sonnenuntergang.

Ich konnte diese Frage bisher noch nicht zufriedenstellend lösen.

Besteht Interesse an einer Einzelsockenselbsthilfegruppe?

Was ich eigentlich sagen wollte, bevor das »Gesocks« mir in die Quere kam:

Schön, dass es DICH gibt!

KONDITIONIERUNG

Konditionierung bedeutet, fremde Gedanken zu denken.

Dass wir alle voll konditioniert aufgewachsen sind,
ist ja nichts Neues!

Vermutlich braucht es das auch, sonst könnten wir nicht so viele verschiedene Erfahrungen machen.

Welche Gedanken hättest du über dich und die Welt,
wenn sie wirklich nur liebevoll wären?

Das Krude daran ist halt, dass die Gedankenspirale ja vollautomatisch im Hintergrund läuft. Das sind nicht die Gedanken, die wir irgendwie noch wahrnehmen können, sondern die, die wir nur mitbekommen, wenn wir ab und zu mal anhalten und schauen was »ES« grade so denkt.

Für mich ist der Ausweg, so oft wie möglich im JETZT zu sein und mich nach innenoben auszurichten.

Gar nichts zu denken, gelingt nicht immer, aber wenn ich mich ausrichte, dann ist Ruhe. Ende der Geschichten.

KOMMEN DEINE GEDANKEN
AUS EINER LIEBVOLLEN QUELLE?
UND DABEI IST ES VÖLLIG WURSCHT,
OB DU DIE GEDANKEN ÜBER DICH
SELBST BETRACHTEST
ODER DIE GEDANKEN ÜBER DAS,
WAS SICH IM AUSSEN ABSPIELT.
UND FALLS
»NEIN«,
WARUM NICHT?

WENN DU DICH NICHT WOHLFÜHLST,
BIST DU NICHT IN DEINEM ELEMENT.
UND AUCH
UMGEKEHRT ...

DEIN ELEMENT

Manche Menschen tun sich schwer damit, »ihr Element« zu finden.

Die Suche an sich ist das Problem, und dass wir glauben irgendetwas erst noch können zu müssen oder lernen zu sollen ...

Das, was dein Element ist, das kannst du schon die ganze Zeit, und das tust du auch. Das ist, wenn jemand anders zu dir sagt: »Das ist ja toll!«, und deine Antwort lautet: »Das ist doch ganz normal!«
Ja, für DICH ist das normal, aber nicht für die anderen!
Die können dafür andere Sachen gut, die wiederum für sie ganz normal sind.
Das können ganz profane Dinge sein. Bei mir ist es zum Beispiel, Texte gut zu formulieren und auf den Punkt zu bringen. Überflüssige Dinge wegzulassen. Überhaupt in Kürze das Wichtigste ausdrücken zu können. Ist das jetzt besonders? Für mich nicht, aber für jemand anderen schon.
Das, was für dich völlig normal ist, das, was leicht und einfach geht, das gehört definitiv zu dir. Darin bist du genial! Folge einfach deiner Freude. (Ja, ich wiederhole mich.)

Und das, was dir eventuell noch fehlt, das lernst du auf dem Weg. Aber auch das geht leicht und einfach.

Der kleine Drache, man könnte fast meinen, er sei glücklich, aber das könnte auch täuschen.
(Kleiner Tipp: Drachen hängen normalerweise nicht an Bäumen ...)

DER GUTE MANGEL

Ungesunde Bescheidenheit, Krankheit und Gebrechen, Mangel an Geld, Mangel an Liebe, Mangel an was auch immer …
Er kommt vielleicht gut verkleidet daher, und manchmal erkennen wir ihn auch nicht auf den zweiten Blick. Das sind oft sehr eingefahrene Denk- und Glaubensstrukturen.
Enge Bewusstseinsräume mit noch engeren Grenzen, in denen wir uns permanent aufhalten.

Dann liest du etwas, machst einen Workshop, schaust einen erhebenden Film, und plötzlich bist du inspiriert: »Ja, das will ich auch!« Du fängst an, Gas zu geben, strengst dich vielleicht richtig an, und es führt trotzdem nicht zum gewünschten Erfolg. Doch dann lässt du wieder nach. Denn es ist anstrengend.

Und was ist nun der Schlüssel?

Stell dir mal vor, du hältst dich vollkommen raus aus dem, was zu dir finden soll, und du entscheidest du dich immer wieder, zu vertrauen und ganz viel von dem zu tun, was dir Freude macht.
Deinem Leben, dem Göttlichen, dem großen bunten Universum oder woran du auch immer glaubst. Und aus diesem Vertrauen erwächst die absolute Sicherheit dir selbst gegenüber.

Das geht aber nur in der Gewissheit: Für mich ist gesorgt!
Man könnte auch sagen: Benutze deinen freien Willen, um den freien Willen aufzugeben.

That's for me der jumping point of no return.

Jeglicher Mangel entsteht
aus einer Unsicherheit
dir selbst gegenüber.

Am Ärschle vorbei,
geht auch ein Weg ...

AM ÄRSCHLE VORBEI

Du kannst alles, was dir widerfährt, persönlich nehmen.
Musst du aber nicht.

Früher dachte ich oft: ALLES hat mit mir zu tun. Und das hat mich verrückt gemacht. Heute glaube ich das nicht mehr. Heute glaube ich, dass alles Wichtige sich mir so offenbart, dass ich es verstehen kann.

Das heißt nicht, dass wenn ich mir beispielsweise in den Finger schneide, mich fragen muss, was das Leben mir nun damit sagen will, dass ich bestraft werde oder ich irgendetwas falsch gemacht habe. Und ich hole auch kein Buch, in dem steht welche spirituelle Botschaft dahintersteckt.
Die Wunde wird heilen, wenn ich mich (und ihn) in Ruhe lasse. Wenn ich mir jedoch jeden Tag einmal in den Finger schneide, wäre es schon mal Zeit, zu forschen, was dem zugrunde liegen könnte.

Es gilt sowohl das Eine, als auch das Andere und die Wahrheit ist manchmal ein schmaler Pfad.

Was kannst du also ohne Weiteres »am Ärschle« vorbeiziehen lassen? Und wo ist es angemessen, anzuhalten und einmal hinzuschauen? Wo und wann in deinem Leben hat sich das, was du erlebt hast, als wirklich wichtig erwiesen?
Was hast du in diesen Situationen tatsächlich gelernt oder geändert, hast etwas erfahren, bist daran gewachsen, und wo nicht?

Und es ist sehr hilfreich, deine eigenen Antworten zu finden. Falls du welche brauchst.

DER PUTZFIMMEL

Ich hab 'nen Vogel, und ich steh dazu.

Ich mag es sehr, wenn mir plötzlich Worte und Ideen
(im wahrsten Sinne des Wortes) zufliegen.
Worte anders zu deuten, mag ich ebenfalls.

So auch dieses kleine Wort,
das in einer Unterhaltung fiel, und ich sofort sagte:
»Das hört sich doch an wie ein kleiner Vogel!«.

Da ist er also, frisch geschlüpft und putzig: der Putzfimmel.

Staubmopp und Klobürsten hat er immer dabei.

Könnte mal bei mir vorbeikommen, so alle paar Tage.

Vermutlich ist er ebenfalls verwandt mit dem Schmutzfink.

Der Putzfimmel

KLEINE PUTZIGE
VOGELART
MIT EINEM
UNGESUNDEN
SAUBERKEITS-
FIMMEL.

VERMUTLICH
IST DER KLEINE
VOGEL EINE
EVOLUTIONS-
BEDINGTE
MUTATION DES
EHEMALIGEN
DRECKSPATZES.

KEINER DA

Dieses Bild war sehr schnell gemalt. Ist ja keiner da.

Nach der von mir sehr geschätzten Byron Katie,
gibt es dreierlei Angelegenheiten:
meine Angelegenheit,
deine Angelegenheit und
die Angelegenheit Gottes.

Was meinst du, wie viel deiner Lebenszeit
du nicht bei DIR warst?
Sondern im Außen.
In Gottes Angelegenheiten.
In den Angelegenheiten anderer.

Wer lebt in dieser Zeit dein Leben?

Dir wird es viel besser ergehen,
wenn du das Außen da lässt, wo es hingehört:
nämlich außerhalb deiner Welt.

Es geschieht da draußen einfach das,
was geschehen soll.

Sorgen wir derweil gut für uns selbst.
Etwas anderes bleibt uns tatsächlich gar nicht übrig.
Und es ist das Gesündeste, das du tun kannst.

Und so reiht sich ein kleiner JETZT-Moment an den anderen.

Wenn du nicht da bist, bist du halt woanders.

Du kannst durch die
Pipeline des Universums
nichts zurückstopfen!
Pipeline
Universum
Meine Pipeline

DIE PIPELINE DES UNIVERSUMS

Nehmen wir mal das Beispiel: Du bekommst etwas geschenkt und weil du höflich bist, musst du irgendwas zurückschenken, möglichst von ungefähr demselben Wert. Vielleicht magst du aber das Geschenk oder den Menschen gar nicht. Weil du aber dieses Pflichtgefühl hast (oder es von deiner Schwiegermutter kommt), musst du das Geschenk auch noch adrett an der Wand drapieren.

Im Grunde geht es, wie mit ganz vielen Themen, um die absolute Bedingungslosigkeit.

Ich schenke dir etwas bedingungslos und voller Freude und erwarte nichts zurück. Ich gebe es einfach von Herzen gerne, und es ist mir völlig wurscht, was du damit machst.

Der Ausgleich ist überhaupt nicht meine Angelegenheit. Wenn du es aber tust, weil du ja vom Universum etwas zurückhaben möchtest – hast du dich wieder selbst veräppelt.

Erst wenn du das verstanden hast, schließt sich der Kreis des bedingungslosen Schenkens und Erhaltens.

ALLER GUTEN DINGE

Hast du schon einmal bemerkt?

Um das, worum es wirklich geht im Leben,
das, was wir wirklich haben möchten,
Gefühle wie Glückseligkeit, Liebe, Freiheit,
Leichtigkeit, Frieden, usw. ...

... die gibt es nur umsonst, und sie sind komplett kostenfrei.

Deshalb können wir uns im Außen abrackern wie blöd,
Geld verdienen wie Heu, und uns bemühen bis zum Abwinken.
Wir werden damit nie dauerhaft glücklich sein.

Deshalb solltest du dich immer mal wieder
an diese Wahrheit ER-INNERN.

Ich bin ja immer dafür, einfach mal ganz viel gar nix zu tun,
mich um mein Wohlbefinden zu kümmern und zu schauen,
was mir als Nächstes einfällt.

Einfall ist übrigens ein tolles Wort,
denn es fällt eine Idee in dich hinein.

Aller guten Dinge sind ~~drei~~ FREI!

DAS BESTE VON ALLEM

Wie viel darf es denn für dich sein? Wie ist das mit deinen Wünschen? Immer schön bescheiden bleiben? Bloß nicht zu viel wollen? Immer das Beste von allem! Darfst du das einfordern?

Oh ja, du musst sogar, wenn du dein Leben wirklich ändern willst. Du musst deutliche Aussagen machen und eine klare Absicht haben!

Oder glaubst du, als diese Schöpfung entstanden ist, hatten ein paar Wesen die Idee: Na ja, jetzt machen wir mal eine runde Kugel, setzen ein paar Menschlein drauf und schauen, ob diese stehen können, ob sie laufen können, ob sie fühlen können, ob sie etwas zu essen finden? Alles wurde perfekt angelegt, damit das ganze harmonisch zusammen funktioniert.

Und so ist es auch mit dir. Du kannst ja Pläne machen, du kannst sogar konkret machen, was und wie du es willst. Und dann lässt du los, und zwar komplett. Alle Erwartungen, alles Wollen, jegliche Angst.
Aber wenn du halt in deinem Sessel sitzt und sagst: »Ich möchte es bitte ja nur ein klein wenig besser!«
Wozu soll dieses »klein wenig« gut sein?
Ein bisschen mehr Geld, ein bisschen mehr Gesundheit, ein bisschen mehr irgendwas?
Und was hat sich dann verändert? Vielleicht ein bisschen weniger Mangel, ein bisschen weniger Opferbewusstsein, aber du hängst immer noch im selben Schlamassel. Es fühlt sich ein bisschen besser an. Für kurz!

Und dann kommt wieder die alte Unzufriedenheit.

Nein, nimm dir das Ganze, das Großartige, das, was dir ursprünglich zusteht. Mach ein klares Statement und steh dann auch dazu.
Umgib dich nur noch mit Menschen, die dir guttun.

Und dann können Wunder geschehen!

Mach keine Kompromisse mehr, denn Kompromisse machen traurig.

Und du willst doch in Wahrheit nur noch das Allerbeste (was in jedem Moment eben möglich ist), oder nicht?!

Und sei beruhigt, es geschieht eh nur das, was zum Wohle aller ist, denn es geht nicht um Manipulation.
Es geht um Liebe.
Es geht immer um die Liebe.

Ist das nicht kurios, wie sehr wir das alles verlernt oder vergessen haben?

LIEBES UNIVERSUM,
FÜR MICH –
IMMER
DAS BESTE
VON ALLEM!
DANKE!

Glücksviren
sind
Herdentierchen!

GLÜCKSVIREN

Eine liebe Kundin hatte mir geschrieben,
meine Botschaften sind einfach zu schön,
um in Schubladen vergessen zu werden.

Wie recht sie hat!

Und wie das so ist bei mir, fangen meine
kreativen Gedanken an zu kreisen,
und ich hab mich gefragt:

Was passiert eigentlich mit Glücksviren in der Schublade?
Und wie würden diese Viren wohl aussehen?

Letztlich bin ich zu dem Schluss gekommen,
dass Glücksviren überhaupt nicht schubladengeeignet sind.
Sie brauchen Liebe und Freude, viel frische Luft,
und sie möchten den Menschen ein Lächeln
(mindestens) ins Gesicht zaubern.
So wie dir!

ALLES IM LOT

Diese Redewendung kommt aus dem Baugewerbe.
Wenn »alles im Lot« ist, dann kann nichts mehr schiefgehen, weil alles senkrecht im Lot steht. In manchen Gegenden, fragt man vielleicht auch: »Alles im grünen Bereich?«
Ich meine damit, ob alles stimmt in dir?
Bist du in der Liebe, in der Freude, im Frieden, ist Ruhe in dir, kannst du die Fülle in deinem Leben wahrnehmen, bist du glückselig?
All die guten Qualitäten, die uns völlig frei (also kostenlos) zur Verfügung stehen.
Und falls nicht, hast du dich heute schon mal ganz bewusst dafür entschieden? Das würde bedeuten, dass du alles andere weglässt, all das, was dich herunterzieht.

Was ist da los, wenn es uns nicht dauerhaft gut geht?
Es zwickt hier und da, mal mehr, mal weniger.
Dann fangen wir an, uns Fragen zu stellen ...
Folgen den Strömungen unserer Gedanken, die uns Geschichten erzählen, was jetzt der Grund sein könnte. Wir suchen nach dem Warum, finden uns in Bewertungen wieder ... Das ist gut, jenes ist doof ...
Dabei zeigt sich einfach nur ein Symptom, ein Zwicken, ein Schmerz, ein Unwohlsein ...
Was passiert, wenn du alle Geschichten einfach weglässt und jegliche Bewertungen?
Du einfach aufhörst, gegen die Realität zu kämpfen?
Und da sein lässt, was gerade da ist?
Gar nichts damit machst, außer zu fühlen und zu beobachten.

Liebevoll.

Alles
im
Lot.

VERPLEMPERN

Stell dir einmal vor, es gäbe keine Zeit. Es gäbe gar keine Anhaltspunkte welche Zeit wir haben, keine Kalender, keine Uhren, keine Handyanzeige. Wonach würden wir uns orientieren?
Denn wenn du Druck hast, wenn du nicht schnell genug, weit genug oder irgendwas genug bist, oder ankommst, dann hat das immer mit Zeit zu tun.
Wir hätten keine Geburtstage mehr, keine Festtage im Kalender, kein Valentinstag (den würde ich übrigens überhaupt nicht vermissen). Wir würden einfach jeden Tag uns selber feiern, unser Leben, dass wir da sind!

Du würdest aufstehen und zu deiner Arbeit gehen, wenn du halt aufgewacht bist (weil kein Wecker).

Wenn du deine Aufgabe erledigt hast, kannst du nach Hause, ob das nach 4 Stunden ist oder nach 6 Stunden (wobei es ja keine Stunden gibt!!!), ist dann egal, weil du ja ohnehin das tust, was dir Freude bereitet. Und dann ist es wurscht, wie lange es dauert.

Es würde wirklich nur noch hergestellt werden, was die Menschen wirklich brauchen und wollen. Gute Lebensmittel, schöne Dinge mit Herz gemacht, praktische Lösungen, die für alle gut sind. Auf einen Schlag wären ganz viele Probleme gelöst.
Jeder nach seinen Fähigkeiten, Schwerpunkten und Vorlieben.
Ein Bauer würde seine Felder bestellen, ein Bäcker seine Kuchen backen, einfach jeder Mensch würde nur noch das tun, was er liebt.
Wäre das nicht eine schöne Vision?

DU KÖNNTEST
VIEL MEHR ZEIT
MIT GLÜCKLICHSEIN
VERPLEMPERN!

Du weißt nie,
wofür etwas
gut
ist.

IST ES GUT ODER GUT?

Herrje, heute wird etwas Besonderes passieren!
Ich fühle es ganz genau.
Hattest du schon mal solche Ideen? Und ist dann wirklich etwas Besonderes passiert? Vermutlich nicht.
Wir haben einen Teil des Verstandes, der hat ein spirituelles Mäntelchen an. Der tut so, als ob er ganz genau weiß, worum es geht.
Und wenn nichts passiert ist, obwohl du es ganz genau gefühlt hast, erzählt er dir irgendeine andere Story.
Wunder geschehen immer aus dem Blauen heraus. Du kannst sie weder planen, noch damit rechnen. Aber um Wunder zu kreieren, solltest du frei sein von jeglicher Idee, dass jetzt Wunder passieren könnten.
Wenn Dinge nicht klappen, obwohl du dir sicher warst, könnte es einen GUTEN Grund dafür geben. Nämlich den, dass ES eben nicht zu deinem Besten ist und dass der Hurpsi in deinem Kopf mal wieder einen Anfall von Selbstüberschätzungswahnsinn hatte.

Und da dein Leben nur das Beste für dich will, sorgt es manchmal dafür, dass Dinge nicht klappen.

Die einzige Frage ist: Vertraust du deinem Leben, ohne zu wissen warum etwas so ist, wie es ist?
Das Universum ist ein schlüpfriges Ding. Immer wenn wir denken, jetzt haben wir es geschnallt, kommt die nächste Stufe, die Vertrauen von uns fordert.

Ob du bereit bist, wirklich zu vertrauen, entscheidest du mit deinem ziemlich beschränkten, sogenannten freien Willen.

DIE ZEICHEN

Es ist Zeit für ein bisschen buntes Glückseelchenkonfetti!

Vielleicht hast du schon öfters nach Zeichen gesucht?!

Doch meistens, wenn du suchst, passiert genau:
nullkommanullnix.

Und plötzlich, wenn du aufhörst zu suchen, finden dich plötzlich Dinge, die du gar nicht gesucht hast.

Das Leben ist verrückt und unergründlich.

Manchmal.

Doch eigentlich ist es ganz einfach.
Wenn du einfach mal losgehst und ganz pragmatisch tust, was du schon immer tun wolltest, was dein Herz zum Hopsen bringt, dann klappts auch mit den Zeichen.

Hier ist es also.

Ein Zeichen des Universums.

Ein ganz besonders buntschönes Zeichen.

Für dich.

DU WARTEST AUF
EIN ZEICHEN
DES UNIVERSUMS?

Hier ist es!

WARUM, WARUM, WARUM?

Suchst du immer nach Antworten?
Willst du alles verstehen und erklärt haben?
Und bist du damit schon einmal auf einen grünen Zweig gekommen?

Warum bin ich hier?
Warum ist unser Leben so, wie es ist?
Was stimmt mit mir nicht?
Was stimmt mit der Welt nicht?
Warum ist das alles so?
Und dann wirst du feststellen, dass du Millionen Antworten findest. Alleine zu Krankheiten und deren Ursachen findest du jede Menge Bücher, in denen dir erklärt wird, wieso du welche Symptome hast und was das jetzt genau bedeutet.
Und überall steht was anderes. Ist das nicht seltsam?

Heute würde ich dir raten:
Wenn du überhaupt Antworten brauchst, ist es gesund, deine eigenen zu finden. Du musst nicht alles verstehen.

Es reicht, wenn du dich beobachtest.
Damit bist du schon raus aus der Identifizierung und erkennst:
Mit mir hat das nichts zu tun.

Ich bin göttliches, intelligentes Bewusstsein.
Und aus dieser Ebene auf mein Leben geschaut, ist alles gut so, wie es ist.

Herz mal drüber nach!

WARUM, WARUM, WARUM?

ODER WARUM DIE FRAGE NACH DEM WARUM SINNLOS IST ...
WENN DU DIR WARUM-FRAGEN STELLST, IST DAS IMMER
DIE SUCHE NACH EINEM SINN.
DER HURPSI IN DEINEM KOPF, WILL DIESE FRAGEN BEANTWORTET
HABEN. SIE WERDEN DICH JEDOCH NIE DAHIN BRINGEN,
WOHIN DU WILLST – NÄMLICH IN DIE TIEFE DEINES DASEINS.
UND ZUDEM MACHEN DIESE FRAGEN KRANK, WEIL SIE NIE
ZUFRIEDENSTELLEND SIND UND DICH INNERLICH ZERBRÖSELN.
DAS GANZE GEDANKENGEDENKE IST NUR THEORIE
UND HÄLT DICH DAVON AB, DEIN LEBEN ZU LEBEN.
DAS, WAS DU WIRKLICH BIST,
KANNST DU IN DIESEM FRAGE-UND-ANTWORT-SPIEL
NICHT ERKENNEN ODER FINDEN.

DU BIST DA – DAS REICHT!
DU LEBST – DAS REICHT!

ERST WENN DU
AUS DER NEUTRALITÄT HERAUS
BEGINNST, DIESE PROGRAMME
ZU BEOBACHTEN,
DANN WIRD DEIN
LEBEN WIRKLICH
INTERESSANT!

IVGDSN

ICH VERSTEH GERADE
DEINE SPRACHE NICHT!

IVGDSN

Hast du schon einmal bemerkt, dass wir viele verschiedene Stimmen in unserem Kopf haben? Und kannst du erkennen, wie absurd das ist, was da abgeht? Aber eigentlich ist es ja nur EIN Kopf!!
Es wäre ja schon erleichternd, wenn diese Stimmen wenigstens eine gemeinsame Richtung hätten: alle für Ja oder alle für Nein!

Ein »Trick« für mich ist, diesen Stimmen einfach keinen Glauben mehr zu schenken. Denn sie sind alle nicht wahr. Dieser Teil unseres Verstandes will sich einfach in alle Richtungen absichern. Das kann er aber gar nicht. Er macht sehr viele Probleme, hat aber keine Lösungen. Falls du dieses »Theater« kennst und aus den Gedankenschleifen nicht herauskommst, probiere mal Folgendes:

Du denkst sehr konzentriert immer wieder den Satz:
»Ich versteh gerade deine Sprache nicht!« (Abk.: IvgdSn)
Dann ist erst mal Ruhe, und du kannst eine erhöhte Position in deinem Denken einnehmen.

Und falls es ganz arg ist, stelle ich mir vor, wie ich auf der Tastatur eine völlig sinnlose Buchstabenzusammensetzung tippe, wie: aäjgösdjgölsdjgösdjgölsdjgölkfdsjöfdjaföjaflöijsflöisdhfiösd.
Ich stelle mir das als die Sprache des Verstandes vor.
Das funktioniert immer.

Wenn dann Ruhe eingekehrt ist, treffe ich die Entscheidung, die sich für mich am besten anfühlt. Und oft merke ich, dass diese Entscheidung auch schon ganz am Anfang mein Gefühl war.
Es wurde nur überdeckt, durch die Stimmen meines Hurpsis.

ICH BIN ICH, UND DU BIST DU

Wenn du so sein willst, wie du bist,
wenn du wertgeschätzt und akzeptiert werden willst,
dann solltest du auch allen anderen zugestehen,
dass sie so sein dürfen, wie sie sind.

Denn was für den einen gilt, gilt auch für den anderen.

Wir möchten viel lieber die anderen Menschen ändern.
Es ist so einfach, zu bewerten und zu urteilen,
was mit unseren Mitmenschen nicht stimmt.

Doch alles beginnt und endet bei dir.

Es hat schon einen guten Grund, warum wir so sind,
wie wir sind, jeder auf seine grandiose Art.

Aus dem richtigen Blickwinkel ist eigentlich
alles ganz einfach, gell?!

GOTT MUSS EIN
GRANDIOSER
KÜNSTLER SEIN.
WIE SONST
KÖNNTEN WIR ALLE
SO SEIN, WIE WIR SIND?
EINZIGARTIG, GENIAL,
KUNTERBUNT UND
WUNDERSCHÖN!

GESUCHT

MAGISCHES WESEN DER BESONDEREN ART
ÜBERALL DORT ZU FINDEN,
WO ZWEI REGENBOGEN GLEICHZEITIG
AUFTAUCHEN.
BITTE DAS WESEN NICHT MIT NACH
HAUSE NEHMEN, ES WIRD DIR SÄMTLICHE
ZUCKERKEKSE WEGFRESSEN …

DAS ZWEIHORN

Kleiner Scherz am Rande.

Es dürfte sich ja inzwischen herumgesprochen haben,
dass Regenbogen aufgrund pupsender Einhörner entstehen.

Und da ein Zweihorn zwei magische Einhörner hat,
wird es aufgrund dessen immer zwei Regenbogen geben.

Aber das ist eine astreine Verschwörungstheorie!

Alles ist möglich, auch das Umögliche!

MEISTERWERK

Nimm dir einen Moment Zeit, dein Leben zu würdigen
und dankbar zu sein.

Denn alles hat dich dahin geführt,
wo du jetzt bist und wie du bist.

Wenn du zurückblickst, erkennst du:

Es sind alles nur Erfahrungen.

Alles ist immer schon vorbei.

Was spielen die Probleme, die sich heute stellen,
für eine Rolle?

Wie wichtig wird dieses Problem in einem Jahr sein?
Und in fünf Jahren?
In fünfzig Jahren wirst du dich vermutlich
nicht mehr daran erinnern.
In hundert Jahren wird sich niemand mehr an dich erinnern.

Also, wie wichtig ist das Problem?

Das Leben ist eine Abfolge aus Jetzt-Momenten.

Genieße sie, so gut es dir möglich ist.

Wenn du mal zurückschaust, was du in deinem Leben schon alles bewältigt hast und wie sich trotz der »schlimmen« Erfahrungen alles bestens gefügt hat …

Dann kannst du erkennen, dass dein Leben ein **Meisterwerk** ist!

VERSPURT

Diese Muster in unserem Kopf sind tief eingespurt.

Tatsächlich ist es die Aufgabe unseres Verstandes, diese alten Reifenprofile immer wieder abzuspulen.

Die Vergangenheit ist jedoch vorbei. Nichts kann mehr verändert werden daran, außer deine Sichtweise darauf.

Eine gewisse Reflexionsfähigkeit kann da schon sehr von Nutzen sein.

Denn wie lange ist denn eine »schlimme« Situation wirklich relevant?
Wie lange und an was hältst du fest, was längst schon vorbei ist, und wieso eigentlich?
Was und wohin hat dich diese Situation gebracht?
Wozu hat sie dir gedient?

Und wenn es »falsch« war (wobei es falsch gar nicht gibt), würdest du diesen Fehler (wobei es Fehler auch nicht gibt) noch einmal genau so machen?

Ich sag immer: Intelligente Menschen lernen immer noch dazu.
Und Intelligenz hat überhaupt nichts mit deinem Schulabschluss zu tun.

Es sind letztlich alles nur Erfahrungen. Deine Seele erfährt sich in diesem menschlichen Sein. Welche Bedeutung du dem ganzen Erleben gibst, das liegt bei dir.

DER GLAUBE, DASS DIE VERGANGENHEIT
DICH EINHOLEN KANN, IST IN ETWA SO:
STELL DIR VOR, DU FÄHRST AUTO,
UND PLÖTZLICH ROLLT DEIN HINTERRAD
AN DIR VORBEI UND ÜBERHOLT DICH.

Es ist Zeit für ein Mutausbrüchle!

MUTAUSBRÜCHLE

Manchmal ist es Zeit.
Das Gelebte, das Gewohnte, das Beständige ist zu eng geworden.
Oder es stimmt nicht mehr mit dir überein.

Da steht ein Schritt an, dein Leben tritt dir in den Hintern: »Geh endlich los!«

Das sind nicht die einfachsten Entscheidungen in unserem Leben, aber die kraftvollsten.

Denn wenn du den nächsten Schritt nicht gehst, aus Angst, aus Sicherheitsdenken, aus Festhaltegründen oder whatever, entsteht vielleicht eine Starre, ein Vakuum, die Gelegenheit zieht vorbei und ward nimmer gesehen ...

Ich habe mal gelesen, dass der Blutdruck die nötige Energie bereitstellt für den nächsten Schritt. Und wenn du ihn nicht gehst, bleibt diese Energie aber da ... Und so könnte Bluthochdruck entstehen.
Spannend, oder?

Ich sage Mutausbruch zu solchen Schritten.
Und diese werden immer vom Leben belohnt.
Zumindest in meiner Welt.

Mögen deine Schritte leichten Fußes gehen ... in deine Richtung.

Und dann: Fröhlichen Flug!

SCHEISSHÄUFLE

Wir Menschen sind diesbezüglich so programmiert, dass wir sogar Probleme zu unseren Problemen machen, die uns überhaupt nicht betreffen. Als würden wir selbst und das, was sich in unserem Leben abspielt, nicht reichen.

Fremdschämen – dieses Wort dürfte es eigentlich gar nicht geben.

»Ein schlechtes Gewissen haben«, kannst du nur, wenn du glaubst, dass deine Handlungen nicht mit dir übereinstimmen. Oder dir jemand dies suggeriert und du es glaubst.

Es wird viel mit Schuld gehandelt in dieser Welt.
Jemand kommt und erzählt dir, was er von dir hält, und prompt löst es in dir Emotionen aus.
Obwohl der andere nur ein paar Worte gesagt hat.
Und wer hat sie genommen?
Genau: Du!

Der andere hat das gar nicht beabsichtigt (oder vielleicht doch?!).

Vielleicht wollte er aber einfach nur aufgrund seiner eigenen unbewussten Programme ein Scheißhäufle irgendwo abladen?
Es geht aber nicht um den anderen.
Es geht um die Emotionen, die das in dir auslöst. Denn ganz tief in dir gibt es ein Schuldprogramm, dass man triggern kann.

Das sollte dir bewusst sein.

Wenn jemand ein Problem mit dir hat, kann er es behalten. Es ist ja schließlich seins!

Wenn alles kopfsteht,
könnte es möglicherweise
an deiner
Blickrichtung liegen!

ALLES STEHT KOPF

In diesem Bild steckt so viel mehr, als es auf den ersten Blick verrät. Denn wenn diese kleine Giraffe sich aufrichten würde, hätte sie gar keinem Platz mehr in diesem »Rahmen«.
Wer hat diesen Rahmen geschaffen? Ist das wirklich DEIN Rahmen? Oder ist das der Rahmen der anderen, die dich gerne soundso hätten, und du hast dich halt den Erwartungen angepasst? Oder ist es die Gewohnheit, um ja nichts verändern zu müssen?

Das ist natürlich einerseits bequem, denn wenn du dich aufrichtest, könntest du gesehen werden. Du könntest nicht mehr in der Masse untertauchen und so tun, als ob du nur ein kleines Licht seist.
So wirst du vielleicht bemitleidet und bekommst Zuspruch. Aber könnte das auf Dauer schmerzhaft sein (falls du Nackenbeschwerden hast), und vermutlich würde sich beim Aufrichten dein »Horizont« sehr erweitern. Was man von da aus alles sehen könnte?

Also es könnte durchaus viel mit deiner Haltung, sowohl buchstäblich als auch im übertragenen Sinne, dir selbst gegenüber zu tun haben.

Es gibt immer Möglichkeiten dein Leben zu verändern, wenn du willst. Nur wirklich wollen, müsstest du halt.
Und keine Sorge, dein Leben würde dir niemals etwas schenken, was überhaupt nicht zu dir passt.

Außerdem, hättest du »da oben« vermutlich einen viel entspannteren Abstand zu den Dingen.

WELLNESS

Unsere Vorlieben für das, was wir mögen,
sind ja sehr unterschiedlich.
Manche Menschen mögen dies, andere jenes ...

Und das ist völlig i. O.

Was für den einen gilt, gilt für einen anderen überhaupt nicht.
Die einen mögen Schokoeis (ich nicht)
oder Wellness-Wochenenden (ich nicht),
sie mögen richtig warmes Wetter (ich nicht)
oder sie mögen gerne im Schlamm baden (rate mal ...).

Es ist völlig wurscht, was du magst oder nicht.
Wesentlich ist nur, dass du viel von dem tust,
was dir guttut, und vor allem:
den Rest so oft wie möglich sein lässt!!!

Und falls du eine Erlaubnis brauchst,
meine hast du hiermit.

Wellness
ist alles, was dir saugut tut!

Alu-
Hütle
Wenn du Energie sparen willst, dann fang in deinem Verstand an!

DAS ALUHÜTLE

Ich sag ja immer:

Der Verstand ist der dümmste Teil in uns.

Und damit meine ich den Teil in unserem Kopf,
der komplett programmiert ist, immer dieselben Muster
und Spuren abspult und uns im Grunde genommen
sehr viel Energie kostet.

Er kreist und kreist in der Vergangenheit, versucht,
in der Zukunft alles Mögliche und Unmögliche abzudecken,
um sich in vermeintlicher Sicherheit zu wiegen.
Dabei fällt er von einem Angstszenario in das nächste,
hat aber wirklich keine Ahnung,
und Lösungen hat er auch nicht.

Der Aluhut hat so gut zu dieser Botschaft gepasst,
denn er soll ja »angeblich« von außen schützen,
aber was ist, wenn der »Feind« unter dem Hütle wohnt?

Da nützt halt die schönste Kopfbedeckung nichts!

LIEFERDIENST DES UNIVERSUMS

Kennst du das, dass du denkst:
»Nö! Soooo wollte ich das aber ganz bestimmt nicht!

Doch das, was du bekommst, ist genau das,
was du brauchst (was nicht immer mit dem
übereinzustimmen scheint, was du willst).

Und das, was zu deinem derzeitigen
Bewusstseinszustand passt.

Wenn wir davon ausgehen, dass du der Schöpfer
deines Lebens bist, stellt sich nur die Frage:

Erschaffst du aus Liebe, aus Freude und Begeisterung?

Oder aus altem Schmerz, aus Widerstand, aus ungeliebten
Gefühlen und aus den ollen Erfahrungen?

Ich glaube ja, es ist eine neue Zeit angebrochen.

Es reicht doch mit dem alten Schmodder.

Folge dem, was sich für dich richtig gut anfühlt,
und lass weg, was dich abstößt.

Und dann mach dich bereit für Wunder!

LIEBES,
NATÜRLICH KOMMT IMMER DAS ZU DIR,
WAS ZU DIR GEHÖRT.
WO SOLLTE ES DENN SONST HIN?
MEIN LIEFERDIENST IST
UNIVERSALSUPERZUVERLÄSSIG!

DEIN UNIVERSUM

Alles ist gut,
so wie es ist!

ALLES IST GUT

Was wäre, wenn du diesen Satz zu deiner tiefsten Gewissheit und zu deiner einzigen Wahrheit machen würdest?
In jeder Minute. Bis in das hinterste Hinterstübchen deiner Gedanken, deiner Zellen, deines gesamten Daseins?
Wenn das zu deinem absoluten Mantra werden würde?
Bis du es überall wirklich, wirklich fühlen kannst.
Vor allem in deinem Herzen.

Alle Zweifel und jegliches Suchen würden wegfallen.
Alle Gedanken, alle Widerstände, jegliches Rumgezicke mit der Realität: Alles ist gut, so wie es ist.
Und das kannst du mit allem tun, was sich gerade in deinem Leben findet. Mit deinen Gefühlen, mit den jeweiligen Situationen, mit deinem Körper. Sprich es laut aus, wenn du alleine bist.

Denke diesen Gedanken in Dauerschleife, bis er zu deiner Wahrheit wird.

Ich bin ein Mensch, der immer viel wissen wollte, verstehen wollte, das Leben durchdringen wollte. Und das war gut so.
Bis ich gemerkt habe, ich brauche das nicht mehr. Heute kann ich einfach darauf vertrauen, dass alles gut ist, so wie es ist.
Gelebte Weisheit, nenne ich das.
Die guten Wahrheiten sind alle einfach.
Herz mal drüber nach und probiere es eine Weile aus.
Eine Stunde, einen Tag, eine Woche, einen Monat lang, für den Rest deines Lebens?

NOT-TU-DU-LISTCHEN

Mach dir deine unguten Angewohnheiten bewusst.

Denn was du dir angewöhnt hast, kannst du dir auch wieder abgewöhnen, denn kein bewusster Mensch würde sich absichtlich schaden wollen, gell?!

Eine kleine Anleitung:

Sei achtsam den Tag über.

Abends gehst du kurz das Listchen durch und schaust, wobei du dich ertappt hast.

Sei lieb zu dir, denn streng warst du lange genug.

So wirst du im Laufe der Zeit immer sensibler und merkst immer schneller, was dir nicht guttut.

Und irgendwann wird dir vermutlich auffallen, dass in dir ein dauerhaftes Wohlbefinden und Glücksgefühl ihre Heimathafen-Anker-Plätzle gefunden haben.

NOT-TU-DU-LISTCHEN

KANNST DU ALLES WEGLASSEN, WEIL BRINGT JA EH NIX AUSSER VERDRUSS. MACH DIR BEWUSST, DASS ES EINZIG UND ALLEIN UM DEIN GLÜCK GEHT!

- MICH ÄRGERN
- MIR SORGEN MACHEN
- HETZEN
- MICH FÜRCHTEN ODER ÄNGSTIGEN LASSEN
- TRATSCHEN
- NEGATIV DENKEN, HANDELN ODER REDEN
- FRUSTRIERT SEIN
- LÜGEN
- URTEILEN (AUCH NICHT ÜBER MICH SELBST)
- BEI ROT ÜBER DIE AMPEL FAHREN
- RECHT HABEN WOLLEN
- KLUGSCHEISSEN
- MIR DINGE »REINZIEHEN«, DIE MIR NICHT GUTTUN
- DIE WELT RETTEN WOLLEN
- NICHT AUF MEIN GEFÜHL HÖREN
- SONSTIGES:

Guck immer mal wieder, wobei du dich erwischt hast, und sei lieb zu dir, denn du hast dein Bestes gegeben!

GEMESSEN AM GROSSEN GANZEN
BIST DU JA WENIGER
ALS EIN PUPS IM UNIVERSUM.
NIMM EINMAL DIESE SICHTWEISE EIN,
WENN ES UM DEINE PROBLEME,
DEIN WÜNSCHEN,
DEINE BEDÜRFNISSE UND DEINE
WICHTIGKEIT GEHT.

UND TROTZDEM BIST DU DA,
WO UND WIE DU BIST, GENAU RICHTIG.
DENN SONST WÄRST DU JA NICHT EIN TEIL
DIESER GRANDIOSEN SCHÖPFUNG.
ALSO LEHN DICH ZURÜCK UND GENIESS
DEINE REISE.

PUPS IM UNIVERSUM

Wir nehmen uns selbst zu wichtig und das, was wirklich wichtig wäre, zu unwichtig.
Ob du Vorsätze fasst und wieder vergisst, oder auch nicht, ist nicht wichtig. Ob du Pläne machst und Ziele verfolgst, oder auch nicht, ist nicht wichtig.

Wichtig ist, dass die Liebe deine Richtschnur ist. Denn ohne die Liebe ist selbst das Beste nichts wert. Dann kannst du Reichtümer anhäufen, Menschen helfen und Gutes tun wollen. Ohne Liebe und Freude wirst du dich irgendwann leer und hohl fühlen. Hast du jedoch die Liebe dabei, kann dir nichts zu viel sein.

Dann handelst du einfach, wenn es angebracht ist, und hast es bald schon wieder vergessen. Du spürst es in einem Moment und freust dich mit, und trotzdem ist es nicht wichtig.
DU bist nicht wichtig. Sondern das, was durch dich geschieht, ist das, was zählt.

Vielleicht hast du einen Moment lang einen Unterschied gemacht für einen Menschen. Aber genau wissen kannst du es nicht.

So einfach wirkt die Liebe.

Und auch dieser Text ist nicht wichtig.

Doch wenn nur ein Fitzelchen davon dich in deinem Herzen berühren konnte, dann ist er wichtig – für dich.

Möge die Liebe deine Richtschnur sein.

WOLLEN UND NICHTWOLLEN

Ja, wir wollen ein gutes Leben. Irgendwie.
Aber die Kontrolle ganz aus der Hand geben, wollen wir nicht.

»Irgendwie« vertrauen wir ein bisschen in das Göttliche, wenn uns gute Dinge widerfahren. Und wenn uns »Schlechtes« widerfährt, fallen wir zurück in eine Idee an einen strafenden Gott.

So funktioniert das nicht.
Entweder ich ordne mein Wollen voll und ganz unter und vertraue darauf, dass für mich in jeglicher Richtung gesorgt sein wird und dass sich die Dinge zum Allerbesten für mich und alle Beteiligten regeln, oder ich weiß es einfach besser (im Kopf).

Da sind sie wieder die vielen Stimmen in unserem Kopf, die uns das Leben zur Hölle machen können. Sie haben alle unrecht, denn sie sind beschränkt. Ziemlich beschränkt sogar.

Auch hier braucht es die glasklare Entscheidung, deinen Willen, dem göttlichen Willen unterzuordnen und dem zu 100% zu vertrauen, dass sich die Dinge fügen. Diese Entscheidung kannst du nur in deinem Herzen treffen.

Wie immer (falls du diesen Weg einschlagen willst), ist es eine Bewusstseinslämple-Übung, an die du dich ständig ER-INNERN solltest.

Und falls du deinen Verstand auf eine hilfreiche Weise nutzen möchtest, dann zweifle einfach mal deine Zweifel an.

Fühl dich beschützt,
geborgen und
geliebt!

MEINE GRUNDANNAHMEN

- Die göttliche Schöpfung, die uns alle erschaffen hat, ist pure, reine Liebe und Licht. Doch im Licht kann man sich nicht als Licht erfahren. Deshalb haben wir uns voller Abenteuerlust in der Schlange der Freiwillig-Inkarnierenden angestellt, um auf diesem dichten dreidimensionalen Planeten zu erfahren, was Nicht-Liebe ist. Und das vermutlich nicht nur einmal. Ich stelle mir vor, dass wir vor unseren Inkarnationen an einem Engel mit einem Klemmbrett vorbeigekommen sind, uns ausgesucht haben, was wir in diesem Leben erfahren wollen, um die göttliche Vollkommenheit zu vergessen. Die AGB haben wir vermutlich nicht gelesen. (Wer liest schon die AGB?)
- Unser Herz beherbergt den göttlichen Kern und über diesen die Anbindung nach oben. Dieser Kern ist verdeckt mit den Programmen, Konditionierungen und Glaubenskonstrukten dieser Welt. Den einzigen Job, den wir hier haben, ist: uns zu ER-INNERN und diesen Kern wieder freizulegen.
- Der heilige Bimbam würde es vermutlich so ausdrücken:
  Wir kommen aus der absoluten Vollkommenheit in die absolute Unvollkommenheit, um irgendwann wieder in die absolute Vollkommenheit zurückzukehren aber erst wenn wir ALLES erlebt haben, was es an Erfahrungen in der Unvollkommenheit gibt.
- Die Liebe, von der ich schreibe, ist die göttliche, bedingungslose Liebe, frei von Bewertungen und Urteilen. Die Liebe gibt aus ganzem Herzen. Es gibt mehrere Ebenen von Liebe, die wir in unserem menschlichen Sein durchaus wahrnehmen und erfahren können.
  Auf der untersten Ebene ist sie völlig neutral. Die anderen Ebenen, wie Friede, Ruhe, Klarheit, Freude und Glückseligkeit sind die Sahnehäubchen auf der göttlichen Gefühlspalette.

- Die guten Nachrichten sind:
  Wir haben einen freien Willen mitbekommen, der dazu nützlich sein könnte, ihn dem göttlichen Willen unterzuordnen. Dazu braucht es Vertrauen.
- Das Universum ist ein neutraler Ort. Alles, was wir an Liebevollem hineingeben, kommt auf anderen Wegen ebenso liebevoll (oder besser) zu uns zurück. Aber nur, wenn wir es absichtslos tun.
- Zu dieser menschlichen Erfahrung gehören auch die Gaben und Fähigkeiten, die wir mitgebracht haben (und die wir oft als »unspektakulär« betrachten). Man könnte es auch Bestimmung nennen.
- Auf dieser Welt ist alles dual, das heißt, jede Seite hat immer ein Gegenteil, zwei Seiten derselben Medaille. Das heißt, wenn es ein Problem gibt, gibt es auch immer eine Lösung.
- Das Bewusstsein ist wie eine chaotische Festplatte, auf der alle Informationen gespeichert sind. Wir haben immer nur den Zugriff auf einen kleinen Teil dieser Informationen. Immer das, was sich gerade in unserem Leben zeigt. Deswegen ist es wichtig, achtzugeben auf das, was uns herunterzieht und das Leben schwer macht. Dazu gehören vor allem die Emotionen. Wir sollten ein Bewusstsein dafür entwickeln, was in uns denkt, glaubt und fühlt. Denn Emotionen sind wiederum verknüpft mit schrumpeligen Glaubenssätzen und Programmierungen und mit allem, was wir und andere uns im Laufe des Lebens auferlegt haben. Denn all dies macht dein Leben aus und erschafft deine eigene Realität.
- Alles, was sich in unserem Leben findet, hat etwas mit uns zu tun. Selbstverantwortung müsste eigentlich Selbst-be-antwortung heißen = die Antwort, die wir auf die Fragen haben, die das Leben uns stellt.
- Die guten Dinge sind oft einfach, unspektakulär und kostenlos.

FRIEDENSVERTRAG

ZWISCHEN MIR UND DIR

AB HEUTE, DEM .... VERSPRECHE ICH HOCH UND HEILIG, MICH ZUKÜNFTIG IN RUHE ZU LASSEN, AUFZUHÖREN, MICH ABZUWERTEN, MEINEN ZWIESPÄLTIGEN INNEREN STIMMEN KEINEN GLAUBEN MEHR ZU SCHENKEN UND MICH SO ZU LIEBEN, WIE ICH GERADE BIN.

UNTERSCHRIFT ....

Dieses Dokument wurde in Liebe erstellt und ist nur gültig mit einer Unterschrift, die freiwillig aus einer kraftvollen, liebevollen Entscheidung heraus gegeben wurde.

Den Friedensvertag kannst du hier kostenlos downloaden:
https://www.glueckseelichkeiten.de/shop/friedensvertrag/

GLÜCKSEELICHKEITEN

»Glückseelichkeiten« ist eine Wortschöpfung von mir, die mich zu Beginn meiner Inspiration fand. Das ist es, was ich empfinde, wenn ich diese kleinen und großen Glückseelchen zeichne und sie durch mich entstehen lasse: die pure Glückseelichkeit.
Das, was ich hier tun darf und kann, ist in meinem Leben ein großartiges Wunder! Und so sind im Laufe der Zeit viele verschiedene Botschaften entstanden.

Die ganze bunte Palette meines kunterbunten, zauberhaften Universums, wie Postkarten, Stoffe, Tassen, Notizblöcke und vieles mehr findest du da:

www.glueckseelichkeiten.de

Außerdem sind im Schirner-Verlag drei großartige Kartensets von mir erschienen:

REGISTER

IMPRESSUM

GRÄFE UND UNZER

Gräfe und Unzer ist eine eingetragene Marke der
GRÄFE UND UNZER VERLAG GmbH, www.gu.de

ISBN 978-3-8338-8972-1
1. Auflage 2023

Projektleitung: Viola Schmid
Erweitertes Korrektorat: Winfried Kieser
Bildredaktion: Nele Schneidewind
Umschlaggestaltung: ki36 Editorial Design, München,
Bettina Stickel
Layout: ki36 Editorial Design, München, Sabine Skrobek
Herstellung: Chiara Knell
Satz: Uhl + Massopust, Aalen
Reproduktion: Longo AG, Bozen
Druck & Bindung: DZS Grafik, Slowenien

Bildnachweis:
Martina Trimpin by Glückseelichkeiten

Syndication: www.seasons.agency

GRÄFE UND UNZER

Ein Unternehmen der
GANSKE VERLAGSGRUPPE